PAULO VIEIRA, PhD E **MAURICIO DE SOUSA**

O PODER DA AÇÃO PARA CRIANÇAS

Dados Internacionais de Catalogação na Publicação (CIP)
(Câmara Brasileira do Livro, SP, Brasil)

Vieira, Paulo
O poder da ação para crianças: como aprender sobre autorresponsabilidade e preparar seus filhos para uma vida feliz e completa / Paulo Vieira e Maurício de Sousa - 2ed. - São Paulo: Editora Gente, 2018.
96 p.: il., color.

ISBN: 978-85-452-0266-0

1. Técnicas de autoajuda - Crianças 2. Autoconfiança em crianças - Literatura infantojuvenil 3. Conduta - Literatura infantojuvenil I. Título II. Sousa, Maurício

18-0936 CDD 158.1

Índice para catálogo sistemático:
1. Técnicas de autoajuda - Literatura infantojuvenil

Rua Wisard, 305 — sala 53
São Paulo, SP — CEP 05434-080
Telefone: (11) 3670-2500
Site: www.editoragente.com.br
E-mail: gente@editoragente.com.br

Diretora
Rosely Boschini

Gerente Editorial
Carolina Rocha

Jornalistas Equipe Febracis
Gabriela Alencar, Karoline Rodrigues, Mateus Ramos, Aline Lima

Assistentes Editoriais
Juliana Cury Rodrigues e Audrya de Oliveira

Controle de Produção
Fábio Esteves

Analista de Produção Editorial
Karina Groschitz

Revisão
Malvina Tomáz

Impressão
Gráfica Eskenazi

Estúdios Mauricio de Sousa apresentam

Presidente: Mauricio de Sousa

Diretoria: Alice Keico Takeda, Mauro Takeda e Sousa, Mônica S. e Sousa

Mauricio de Sousa é membro da Academia Paulista de Letras (APL)

Diretora Executiva
Alice Keico Takeda

Direção de Arte
Wagner Bonilla

Diretor de Licenciamento
Rodrigo Paiva

Coordenadora Comercial
Tatiane Comlosi

Analista Comercial
Alexandra Paulista

Editor
Sidney Gusman

Revisão
Daniela Gomes, Ivana Mello

Editor de Arte
Mauro Souza

Coordenação de Arte
Irene Dellega, Maria A. Rabello, Nilza Faustino

Produtora Editorial Jr.
Regiane Moreira

Layout e Desenho
Anderson Nunes

Cor
Marcelo Conquista, Mauro Souza

Designer Gráfico e Diagramação
Mariangela Saraiva Ferradás

Supervisão de Conteúdo
Marina Takeda e Sousa

Supervisão Geral
Mauricio de Sousa

Condomínio E-Business Park - Rua Werner Von Siemens, 111 - Prédio 19 — Espaço 01
Lapa de Baixo - São Paulo/SP - CEP: 05069-010
Tel.: +55 11 3613-5000

Eu acredito em um mundo muito melhor com o Mauricio de Sousa. Ele sabe que, para que isso aconteça, é necessário encher o mundo com crianças felizes, com coração generoso e cheio de possibilidades.

Precisamos que elas fechem os olhos e enxerguem o extraordinário: que se vejam surfando com golfinhos, voando nas asas de um condor pelas cordilheiras da América do Sul... E, por que, não sendo um astronauta, desvendando o espaço sideral?

Tudo é possível...

E fica ainda mais fácil por meio da leitura de histórias. Elas fortalecem a imaginação, a capacidade de sonhar e a habilidade de se colocar em um lugar onde somos dotados de poderes e capacidades ilimitados.

Eu sou extremamente grato a esse ser humano iluminado que é o Mauricio de Sousa. Que vem, de geração em geração, impactando o mundo, crianças e jovens com histórias transformadoras.

E, por isso, sim, eu dedico este livro a todas as crianças, pois elas possuem a capacidade de sonhar e acreditar no impossível, de ter a esperança quando o adulto não a tem.

Uma boa leitura a todos!

Paulo Vieira

Nos últimos anos, para minha alegria, meus personagens têm protagonizado parcerias com algumas das melhores cabeças pensantes do Brasil. O Paulo Vieira é mais uma delas.

Acostumado a encantar milhares de adultos do Brasil inteiro com suas palestras e livros, ele propôs ao meu estúdio o desafio de falar de autorresponsabilidade e outros temas muito pertinentes também para crianças.

O resultado, lindo, lindo, você tem agora nas mãos.

Porque se tem uma coisa em que as crianças são imbatíveis é em sonhar. Dê a elas lápis e papel, e verá quantas criações maravilhosas virão. O mesmo acontece quando se pede a elas que contem histórias. É a criatividade sem amarras ou limites.

Então, por que não ensinar aos pequenos que é possível transformar esses sonhos em realidade? Deixando muito claro que, para isso acontecer, é preciso esforço, sabedoria, paciência e tantas outras virtudes.

Neste livro, Paulo transmite essas lições em histórias divertidas e leves, ilustradas com os meus personagens. Espero que você fique tão fascinado como a Mônica, o Cebolinha, a Magali, o Cascão, o Chico Bento...

Tudo pronto para iniciar a nossa jornada e aprender sobre autorresponsabilidade? Bom, antes de começar, você deve estar se perguntando o que quer dizer essa palavra enorme, certo?

A palavra **autorresponsabilidade** é uma das marcas do escritor Paulo Vieira. Ele usa essa palavra tão importante para definir uma coisa igualmente grandiosa: cada pessoa é a única responsável pela sua vida, pelos seus sonhos, ou seja, pela própria felicidade!

Paulo nos ensina que somos o personagem principal da nossa própria história, e por isso podemos nos colocar em qualquer lugar, escrever e reescrever nossos caminhos e escolhas. Não é demais?

Então, o Paulo Vieira e o Mauricio de Sousa resolveram se unir e trazer toda a Turminha para que, juntos, pudéssemos aprender sobre as *seis leis da autorresponsabilidade:*

1) Não critique as pessoas, procure compreendê-las.

2) Em vez de reclamar das situações, dê novas ideias e sugestões.

3) Em vez de buscar um culpado por um problema, busque uma solução.

4) É muito melhor se fazer de vencedor do que se fazer de vítima.

5) Aprenda com seus erros, em vez de só arrumar desculpas para eles.

6) Não julgue as pessoas, entenda as suas atitudes.

Agora, chegou a hora de começar. O bairro do Limoeiro está esperando por você!

Sumário

Não critique as pessoas, procure compreendê-las

— Ai, mãe... o aniversário da Mônica está chegando e eu queria fazer alguma coisa especial pra ela, mas estou sem ideias — Magali suspirou.

— Por que não preparamos um almoço especial para ela? — Dona Lili perguntou para sua filha.

— Já fiz isso no ano retrasado, quero algo diferente...

— Já sei! Convide as crianças do bairro e organize uma festa surpresa para ela!

— Ai, adorei a ideia! Já vou procurar ajuda pra organizar tudo. Aposto que o Cebolinha, o Cascão, a Cascuda e a Marina vão adorar — Magali comemorou, antes de sair correndo para falar com os amigos.

— Pessoal, chamei todos aqui porque temos uma missão muito importante (e secreta!). Como o aniversário da Mônica está chegando, o que acham de fazermos uma festa surpresa pra ela no sábado? — anunciou Magali, muito empolgada.

Todos ficam animados com a ideia e começam a falar sem parar.

— Eu posso cuidar da decoração! — Marina se ofereceu.

— E eu, da lista de convidados! — Cascuda disse, cheia de ideias.

— O Cebolinha e eu vamos pensar em todas as brincadeiras, pra deixar a festa bem animada! — disse Cascão.

— Incrível! Vamos fazer assim: eu falo com a mãe da Mônica pra pensar em uma distração pra ela no sábado. Na sexta, a gente se encontra de novo pra ver se está faltando algo, combinado? — Magali falou para os amigos, feliz demais por todos terem gostado da ideia.

— Combinado! — disseram todos juntos.

Chega a sexta-feira e os cinco amigos se reúnem no parquinho.

— Oi, pessoal! Já está quase tudo certo pra amanhã! Comidinhas: ok. Mônica acha que vamos tomar sorvete: ok. Presente: ok. Lugar da festa: na casa dela, ok. O que vocês fizeram? — perguntou Magali, checando todos os itens.

Os amigos ficam um pouco envergonhados.

— Magali... o Cascão e eu esquecemos de ***complar*** os ***mateliais plas blincadeilas***... — Cebolinha confessou.

— Eu convidei toda a turma... mas esqueci de anotar quem vai... — disse Cascuda.

— Eu fiz desenhos para a decoração, mas ainda não pintei... — Marina completou.

Magali, ao ouvir aquilo, saiu correndo deixando todos os amigos no parquinho.

— Querida, o que aconteceu? — perguntou a mãe de Magali, ao ver a menina cabisbaixa.

— Mãe, foram os meus amigos... Eu fiz várias coisas pra festa da Mônica, que é amanhã, mas eles não fizeram a parte deles, como a gente tinha combinado! Está tudo pela metade ainda. E se a festa ficar feia? E se for chata? — Magali desabafou tudo o que estava sentindo.

— Magali, sei que é difícil, mas nem sempre as coisas serão do jeito que esperamos ou queremos. Pode não ter sido perfeito, mas tenho certeza de que eles não fizeram por mal e devem ter feito o que podiam. Em vez de criticar, procure entender os motivos e, depois, tente ajudar os seus amigos com o que está faltando...

— Mas e se não der certo e a Mônica não gostar da festa?

— Tenho certeza de que isso não vai acontecer. Ela vai amar o carinho de vocês de qualquer maneira.

— Magali, desculpe por tudo isso! Nós devíamos ter feito a nossa parte, mas já temos um plano pra festa sair perfeita amanhã — Marina foi rapidamente tentar acalmar a amiga.

— Ai, que ótimo, Marina! E desculpe por ter saído correndo daquele jeito... eu devia ter ficado e ajudado vocês a terminar tudo.

— Tudo bem, Magali. Mas vamos correr: temos uma festa para montar! — Cascão falou.

No sábado, o resultado do trabalho em conjunto foi recompensado, na festinha da Mônica.

— Ai, vocês são os melhores amigos do mundo! — Mônica disse enquanto abraçava os amigos, feliz demais com a surpresa.

Em vez de reclamar das situações, dê novas ideias e sugestões

Cascão adora jogar futebol! Seus momentos favoritos durante a semana são quando tem jogo e ele pode se reunir com o time do bairro.

Mas, na semana passada, aconteceu algo bem chato: ele se machucou durante os treinos e o médico disse que ele não poderia jogar por três semanas.

Sentado no banco, com o pé engessado e uma bola, Cascão resmunga:

— Não acredito nisso! Eu adoro jogar bola, como vou ficar tanto tempo longe do campinho?

— Cascão, fique tranquilo. Tenho certeza de que essas semanas vão passar voando. Você pode acompanhar os treinos e os jogos do banco de reservas enquanto isso! — disse o treinador, tentando animar o Cascão.

— Mas eu não quero ficar no banco. Eu quero poder jogar e ajudar o resto do time no campeonato do bairro — Cascão resmungou.

— Eu sei, Cascão, mas você precisa entender que isso não é possível agora. E reclamar não vai fazer os dias passarem mais rápido... Use esse tempo para outras coisas.

No jogo seguinte, Cascão está no banco, emburrado, vendo seus amigos no campinho.

— Não acredito que estou aqui... eu deveria estar jogando! Por que isso aconteceu bem comigo? **Não é justo**! E só se passaram dois dias! — disse Cascão, ainda se queixando.

Então, Cascão começa a olhar com mais atenção o time todo jogando.

VIXE, A NOSSA DEFESA ESTÁ ABERTA DEMAIS! NUNCA TINHA REPARADO NISSO...

O NOSSO ATAQUE TAMBÉM ESTÁ MUITO LONGE DO MEIO. DEVE SER POR ISSO QUE TEMOS DIFICULDADE DE FAZER OS GOLS...

OLHA COMO O JEREMIAS É VELOZ! EI, TALVEZ SE ELE JOGASSE MAIS CENTRALIZADO, A GENTE CONSEGUISSE FAZER A BOLA CHEGAR MAIS RÁPIDO NO ATAQUE.

O ATACANTE DO OUTRO TIME, QUE JOGA NA MINHA POSIÇÃO, SE MOVIMENTA BEM MAIS PELO CAMPO INTEIRO... ACHO QUE EU DEVIA FAZER ISSO TAMBÉM...

Durante a partida, por estar no banco, ele teve outra visão e conseguiu observar alguns erros que talvez fizessem muita diferença para o seu time.

Então, Cascão vai falar com o treinador sobre algumas sugestões que poderiam ser aplicadas no time do Limoeiro.

— Treinador, treinador! — gritou Cascão, eufórico.

— O que foi, Cascão? — perguntou o treinador, curioso.

Cascão, com uma folha de papel, mostra a estratégia:

— Do banco de reservas, eu vi vários errinhos que eu acho que estão atrapalhando o nosso jogo. Inclusive coisas que eu mesmo estava fazendo errado!

— Uau, Cascão, parabéns! Eu também já tinha notado (mostrando a sua prancheta) essas coisas e ia falar com vocês no próximo treino. Mas estou orgulhoso de como você observou e analisou o jogo direitinho. Acho que, no fim das contas, mesmo fora do campo, você vai poder ajudar o time nessas semanas, hein?

— Hã... Acho que sim. Será que posso ser o seu auxiliar até tirar o gesso?

— É claro! Podemos começar no próximo treino do time.

Durante o treino, Cascão fala para todo o time:

— Fala, galera! Eu passei dois dias reclamando muito por ter machucado o pé. E fiquei chateado porque não ia conseguir ajudar vocês em vários jogos. Mas vou ser auxiliar do técnico nesse tempo, pra participar do time, mesmo do banco de reservas! O que vocês acham? — muito orgulhoso, Cascão anunciou para todo o time.

— Vamos começar o treino então, capitão! — grita o time, comemorando com o amigo.

Em vez de buscar por um culpado por um problema, busque uma solução

Hoje é um dia muito importante para os moradores do Limoeiro: vai acontecer o famoso campeonato de pipas, que tem duas edições por ano! Cebolinha e Cascão estavam contando os dias para a competição, extremamente ansiosos.

— Eu nem *acledito* que esse dia chegou! Vai ser *malavilhoso*! Aposto que *selemos* os campeões do *bailo* — Cebolinha disse, enquanto sonhava com o troféu.

— Pode crer! Eu já apostei um dos meus carrinhos com o Franjinha que vamos ganhar deles. Vamos começar! — Cascão completou com o mesmo entusiasmo do amigo.

Na hora de montar a poderosa pipa que ia vencer o campeonato, a dupla percebe que estão faltando vários materiais, que eram de responsabilidade do Cascão comprar e levar no dia.

— Não ***acledito*** nisso! Hoje ***develia*** ser ***inclível***, mas ***agola*** acho que não vamos conseguir ***palticipar*** da competição. Você não podia ter se esquecido os ***mateliais***... — Cebolinha desabafa com o amigo, muito chateado.

Embora também estivesse chateado, Cascão começa a pensar, não perde tempo com briguinhas e vai atrás de uma solução para os problemas.

— Deve ter alguma coisa que possamos fazer. Tem que existir uma solução... — Cascão começa a pensar.

Depois de pensar e olhar ao redor, ele tem uma ideia brilhante e dá um grito:

— **Eureca**!

Ele vai de equipe em equipe para pedir materiais que estejam sobrando, e seus amigos o ajudam com prazer:

— Ei, esse barbante está sobrando? Você tem mais palitinhos? Já terminou de usar a tesoura? — perguntava o garoto.

Rapidinho, ele consegue o suficiente para montar a pipa a tempo de a competição começar e volta correndo até onde estava o Cebolinha.

Cebolinha fica impressionado com a atitude do amigo:

— Poxa, Cascão, que *inclível*. Você *lesolveu* nosso *ploblema* em 15 minutinhos... enquanto eu fiquei aqui *leclamando* e *tliste*... Me desculpe... — diz Cebolinha, arrependido da sua atitude de antes.

— Relaxa, Cebolinha. Eu fiquei chateado, mas já passou. Estou feliz que vamos conseguir participar do campeonato. Vamos lá detonar!

O juiz da competição, que estava de olho na dupla, também fica impressionado.

— Meninos, mais do que a competição de hoje, vocês já aprenderam uma lição muito valiosa: ao surgir um problema, não é melhor buscar uma solução do que reclamar e jogar a culpa nos amigos? — diz o juiz para os meninos.

— Sim, sim... vocês estão ***celtos***. Cascão, ***obligado*** e me desculpe de novo — Cebolinha diz para o amigo.

— Obrigado, Cebolinha. Mas agora chega disso... vamos ganhar esse campeonato!

Ao final da competição, eles ficaram em segundo lugar, mas estavam felizes de qualquer maneira. Cascão perdeu um carrinho para o Franjinha, mas ganhou algo muito mais valioso.

É muito melhor se fazer de vencedor do que se fazer de vítima

Cascuda e Aninha amam ler e estão sempre de olho nos novos livros de seus autores e autoras favoritos. Elas estão conversando sobre o último livro da Laura Calabresa, muito entusiasmadas com o que estão lendo.

— Cascuda, você já chegou ao capítulo 8? Estou de boca aberta com o que aconteceu na festa! — perguntou Aninha.

— Ai, Aninha, ainda não! Mas, conhecendo os livros da Laura, já estou muuuuito ansiosa para descobrir... e também como acaba a história!

Nesse momento, Dorinha está passando e entra no papo:

— Que legal que vocês estão gostando tanto, meninas. Eu não sabia que ela já havia lançado um livro novo — comentou Dorinha.

Ao ouvirem isso, as amigas ficam quietas, sem saber como reagir e, sentindo um pouco de pena de Dorinha, começam a buscar desculpas para trocar de assunto:

— Ah, Dorinha, na verdade nem está tão legal assim, não gostamos muito de ler — disfarça Cascuda.

— É verdade. Gosto muito mais de ouvir música e de dançar, sabe? — completa Aninha.

— Dorinha, que tal a gente falar de outra coisa? — pergunta Aninha.

Então, Dorinha deduziu que as amigas estavam tristes por ela não poder ler o livro, mas mesmo assim não entendeu.

"Claro que eu tenho dificuldades, mas consigo superar um desafio a cada dia, e sempre existe uma solução para cada situação. Ler é algo tão legal, quero que elas compartilhem isso comigo", continuou refletindo Dorinha.

— Meninas... vocês estão fingindo que não gostam de ler pra não me magoar? Parece que vocês estão com pena de mim — perguntou ela.

— Claro que não, Dorinha! Estamos... hã... falando a verdade — disse Cascuda, claramente envergonhada.

— Eu sei que não é verdade, e vocês não precisam fazer isso... Eu adoro ler! Tenho vários livros em braile em casa, e os que não estão adaptados para mim, meu pai lê em voz alta. É ainda mais divertido, porque ele faz uma verdadeira festa de atuação com a minha mãe e a gente se diverte.

Ao ouvir aquilo, as meninas ficam envergonhadas.

— Nossa, Dorinha, desculpe a gente por isso. Você é tão positiva, tão alegre, sempre dá um jeito pra tudo. É incrível ser sua amiga! — Cascuda se desculpou.

— É verdade, você sempre ensina a gente a vencer cada obstáculo que aparece! Agora quero perguntar uma coisa... A gente pode participar dessa atuação dos livros? Eu ia adorar ser a Laura Calabresa! Há, há, há! — completou Aninha, já entrando na brincadeira.

Então, as três decidem montar um clube de leitura, no qual cada uma lerá um livro por semana e depois vai compartilhar com as amigas. Assim, Dorinha vai conhecer mais obras que não estão em braile, e Cascuda e Aninha serão apresentadas àquelas que estão.

— Só que tem uma regra muito importante: quanto mais engraçada for a interpretação, mais pontos a pessoa ganha! — diz Dorinha, animada.

Aprenda com seus erros, em vez de só arrumar desculpas para eles

— Ai, ai... O dia só está na metade e eu já estou supertriste e chateada... tão diferente de quando eu acordei — lamenta Mônica.

Então, ela começa a se lembrar de como foi o seu dia: saiu de casa muito animada para a escola, usando seu vestido novo, e toda feliz porque estava um dia lindo. Só que, quando chegou na aula, recebeu sua prova de matemática e viu que foi mal, tinha tirado uma nota abaixo da média.

— Professora, a nota está certa? Eu estudei tanto! — ela questionou.

— Sim, Mônica. Mas eu posso ajudá-la a estudar mais para as partes em que você está com dificuldade.

Mesmo com a oferta da professora, ela continuou triste, pois ainda tinha várias tarefas a fazer para ajudar seus pais.

Mais tarde, no mercado, com sua mãe, acabou derrubando várias frutas no chão, esqueceu de pegar o que ela tinha pedido e trombou em várias pessoas.

— Mônica, o que está acontecendo? Parece que sua cabeça está em outro lugar — perguntou sua mãe, preocupada.

— Não é nada, mãe...

Depois, ela foi ao dentista, acompanhada pelo seu pai, e não respondia às perguntas do doutor, não fazia o que ele pedia e não estava prestando atenção às orientações.

— Mônica, você está bem? Nunca vi você tão distraída — seu pai também percebeu que ela estava diferente.

— Não é nada, pai...

Mônica ainda tinha prometido ajudar Magali a estudar português na casa dela, mas não conseguia responder às perguntas da amiga, e só ficava olhando para o nada.

— Você não quer me ajudar, Mônica? Estou atrapalhando alguma coisa? — a amiga perguntou, sem entender direito o motivo pelo qual a amiga estava tão distante.

— Não é nada, Magali...

No caminho para casa, Mônica encontra com a tia Nena, mas está tão distraída que tromba nela.

— Opa, Mônica. Está tudo bem?

— Oi, Tia Nena. Desculpe... Tive um dia muito ruim hoje, parece que nada deu certo e que tudo o que podia dar errado aconteceu comigo.

— Hummm... Me conte mais sobre o seu dia. O que você acha que aconteceu de tão errado?

Após ouvir as queixas da Mônica, tia Nena perguntou, bem reflexiva:

— Querida, me corrija se eu estiver errada, mas me parece que você estava tão distraída com a nota baixa, que não prestou atenção nas outras tarefas do dia. Você não acha que deveria usar esse deslize como aprendizado para a próxima prova, em vez de deixar isso estragar todo o seu dia?

— Poxa, tia Nena, você está certa! Não é que as coisas não dão certo pra mim. Eu é que não estava me dedicando tanto a elas. Muito obrigada! Já estou me sentindo bem melhor — diz Mônica, com os olhos iluminados.

— Que ótimo! Mas por que essa carinha pensativa?

— Estou bolando meu plano de estudos, e também estou pensando em comprar brigadeiros pra me desculpar com todo mundo pela minha falta de atenção nas tarefas de hoje.

— Gostei! E eu ganho um também por ter ajudado?

— Com certeza! — diz Mônica, enquanto abraça tia Nena.

Não julgue as pessoas, entenda as suas atitudes

— Mônica, você é muito *blava* e *bliguenta*! — Cebolinha grita.

— Mas isso é porque você não para de me atormentar todo dia! — retruca Mônica, gritando tanto quanto ele.

— *Pale* de me dar coelhadas com esse Sansão *encaldido*!

— Então, pare de fazer esses planos "infalíveis" pra tentar roubar ele de mim.

— É SÓ VOCÊ *PALAR PLIMEILO*!

— NÃO GRITE! VOCÊ QUE PRECISA PARAR!

— Nossa, que barulheira é essa? O que está acontecendo? — Anjinho se pergunta ao ouvir a gritaria.

Quando olha para baixo, ele decide intervir:

— Esses dois vivem brigando. Não sei mais o que fazer com eles. Passam o tempo todo criticando e julgando o que o outro faz. Isso me deixa tão triste... Gostaria de poder ajudá-los.

Anjinho pensa muito e decide pedir auxílio ao pessoal do bairro sobre o que fazer para unir a duplinha.

— Ei, Magali! Preciso da sua ajuda!

— Claro, Anjinho, o que foi?

— Eu fico cada dia mais triste de ver a Mônica e o Cebolinha brigarem tanto, mas não sei o que fazer para impedir. Você tem alguma ideia?

— Ih, Anjinho, esse é o jeito que eles são, mas, no fundo, no fundo, são melhores amigos. Acho que não tem o que fazer...

— Cascão! Xaveco! Que bom que encontrei vocês! Preciso de ajuda — fala Anjinho, todo apressado.

— Nossa, Anjinho, primeiro respira e depois conta pra gente qual é a emergência. Estamos aí! — Cascão diz.

— A Mônica e o Cebolinha estão brigando de novo, e eu quero ajudar os dois a parar com isso.

— Há, há, há! Essa é a emergência? Isso não tem solução, eles são assim — Xaveco responde.

— É, Anjinho... Eles se adoram, mas brigam muito. Fico pensando se não é o jeito deles de demonstrarem a amizade. Há, há, há — Cascão completa.

Anjinho sai dali ainda mais pensativo: "Como é possível eles se gostarem tanto e, mesmo assim, continuarem a discutir todos os dias? Por que será que o Cebolinha não para de pegar o Sansão? Por que a Mônica não para de correr atrás dele? Por que ele precisa irritá-la assim? E por que ela precisa ser tão dura com ele?".

Enquanto pensava nisso e se lembrava do que as outras crianças tinham falado para ele, Anjinho entendeu tudo e teve uma ideia brilhante.

Ele desce no meio do Cebolinha e da Mônica que, mesmo cansados, não param de discutir.

— BAIXINHA!

— CHATO!

— Oi, pessoal! O que está acontecendo? — Anjinho finge que não estava ouvindo toda a briga.

— Ele só pega o meu coelho e fala mal de mim!

— Ela só sabe me bater!

— Ele fica me chamando de baixinha!

— Mas ela é!

— Hum, certo... E como vocês se sentem, de verdade? Gostam de brigar assim todos os dias? Ficam felizes quando terminam uma briga? — pergunta Anjinho, tentando fazer os dois amigos se acalmarem.

— Não! — os dois desabafam juntos.

— É... ***bligar*** não é legal — diz Cebolinha.

— Eu prefiro brincar a brigar — Mônica completa.

Anjinho, sorrindo, faz o discurso que tinha preparado.

— Cebolinha e Mônica, eu passei o dia todo procurando maneiras de ajudar vocês a pararem de brigar. Mas aí descobri que não é bem isso que devia fazer...

Os dois ouvem e ficam chocados... e confusos.

— Na verdade, eu estava olhando só as suas atitudes, mas não vocês como um todo. Essas brincadeiras, pegadinhas e brigas são apenas a maneira de um mostrar para o outro que, bem lá no fundo, isso é uma amizade sincera. Sei que os dois são melhores amigos, não é?

Sem falar nada, os dois concordam, envergonhados.

— É claro que não dá para continuar brigando sempre, mas todos precisamos entender que são as diferenças que fazem vocês gostarem tanto um do outro. Então, vou pedir para os dois darem uma maneirada nas reclamações. Tentem enxergar o que está por trás de cada atitude.

Mônica e Cebolinha, ainda envergonhados e quietos, se abraçam. Em seguida, param um minuto, se entreolham, sorriem e correm para abraçar o Anjinho.

Ser autorresponsável é um dos principais passos para uma vida feliz e cheia de sonhos realizados

— Chico, 4 em matemática...

— Tirou 5 em português, Chico...

— Outro 4 em geografia?

Ele volta para casa muito chateado e mostra as provas para sua mãe.

— Uai, Chico! O qui é isso? Ocê istudô tanto dessa veiz, mais essas nota tão muito ruim — sua mãe diz, surpresa.

— Eita, mãe! Num sei o qui aconteceu. Inté a fessora ficô surpresa quando viu. I tem uma notícia pior...

— O qui pode sê pior qui isso?

— Fiquei di recuperação im muitas matéria. Acho qui posso repiti o ano!

— Chico, num pode sê. Ocê percisa discubri o pobrema i arrumá uma solução inquanto há tempo. Na vredade, eu inté imagino o qui pode tê acontecido, Chico. Mais vô dexá ocê discubri sozinho.

Ele vai para o seu quarto, deita na cama e fica refletindo sobre tudo o que fez nas últimas semanas.

— Eita! Acho qui intendi o qui aconteceu...

No dia seguinte, de volta à escola.

— Fessora, eu istraguei tudo nos meu istudo este bimestre... O qui eu posso fazê pra miorá?

— Bom, Chico, não é a melhor opção, mas você pode usar as férias para fazer aulas de reforço e não ser reprovado.

— Eita, mais eu vô perdê as féria intera com meus amigo?

— Melhor assim do que repetir o ano e nunca mais estudar com eles, não é? — a professora pergunta.

Logo depois, Chico Bento sai da escola pensativo e encontra Rosinha.

— Chico, qui carinha tristonha é essa? — Rosinha pergunta.

— Ah, Rosinha, eu tenho uma decisão danada di difícir. O eu passo as féria istudando pro reforço, o posso repiti o ano i nunca mais istudá cocê i toda a turma.

— Mais essa decisão é fácir, Chico! Mior si dedicá por mais dois meis i tirá o atraso do qui fartô, do qui istudá o ano todo. Eu ajudo ocê! Aposto qui a fessora tamém.

Eles voltam para a escola.

— Fessora, decidi qui vô fazê as aula durante as féria. A sinhora mi ajuda, mermo qui tenha sido tudo curpa minha? — diz Chico, ainda em dúvida sobre sua decisão.

— Claro, Chico! Rosinha e eu vamos ajudar você nos estudos, mas só precisa prometer que vai se dedicar.

— Pormeto, fessora. Pormeto, Rosinha.

— Eita, tô consiguindo fazê essas conta! Acertei o exercício di portugueis! — Chico comemora.

— Pra mor di realizá esse sonho, perciso sabê fazê conta pra tê uma fazenda qui dê certo!

De volta à escola, final das férias.

— Parabéns, Chico! Você foi aprovado! — celebra Dona Marocas, a professora!

— Ê, lasquêra! Agora posso vortá a brincá?

— Você nunca precisa parar de brincar, mas tem que aprender a conciliar os estudos com o lazer. Estou aqui para ajudar sempre no que você precisar. Apenas lembre-se de que ser responsável com seus estudos é o caminho para realizar qualquer sonho.

— Gardecido por tudo, fessora! — diz Chico enquanto abraça a professora.

A importância do foco

Um dia, em seu laboratório, Franjinha reúne os amigos para falar de algo muito importante:

— Turminha, agora vamos falar de outro assunto: como é importante ter foco no que você está fazendo! Ser uma pessoa focada significa concentrar sua atenção e energia em uma única coisa (seja nos estudos, nas tarefas da casa, na hora da brincadeira) e fazer tudo o que pode para atingir o seu sonho, o seu objetivo. Afinal, quando não estamos focados, não fazemos nada direito...

O jovem cientista, então, pediu que alguém falasse se já teve problemas de foco, e a Mônica pediu a palavra:

— Vocês sabem que eu sou muito ativa e cheia de disposição! Por isso, meus pais e amigos sempre me pedem ajuda em diversas tarefas.

— Mô, me ajuda com as compras? — pergunta sua mãe.

— Filha, você pode me ajudar aqui no jardim? — pede seu pai.

— Mônica, me ajuda a escolher um vestido novo para a festa de aniversário da Aninha? — Magali pergunta para a amiga.

— Mônica, será que você pode me ajudar com a lição de casa? — pede Cascuda.

Mas existe um problema: a Mônica não consegue se concentrar por muito tempo na mesma atividade sem se distrair com outra coisa.

Até que um dia:

— Mônica, pode pegar o leite na geladeira, por favor? — pede sua mãe.

E a garota está tão distraída com o telefone tocando, que, em vez do leite, leva o telefone para a mãe, que fica confusa.

— Mônica, querida, precisamos conversar.

— Estou encrencada, mamãe?

— Não, eu estou preocupada com você. Sei que adora ajudar todo mundo e que tem energia de sobra para fazer várias coisas, mas você precisa se concentrar em uma atividade de cada vez. O problema é que, ao se ocupar com tantas coisas, você não está fazendo nada do jeito que poderia, pois se distrai com facilidade.

— Ai, mãe... Eu entendo. Você está certa, mas como posso melhorar isso?

— Vamos aos poucos. Eu vou ajudar. A primeira coisa é decidir o que é prioridade. Ou seja, o que é mais importante fazer primeiro e assim por diante. Aí, você vai se concentrar totalmente em cada atividade até terminar, e só depois vai pra próxima, combinado?

— Tá bom, mamãe! Vamos começar agora mesmo. Vou me concentrar totalmente em terminar o meu livro!

Depois de ouvir o relato da Mônica, Franjinha explica:

— Viram como é preciso ter foco? Antes de ir embora, tenho mais uma coisa pra mostrar! Outro dia, ganhei uma lupa do meu pai. Sabe aquele objeto pra ver coisas bem pequenas? Eu adorei e logo comecei a fazer experimentos com ela.

Todos escutam atentos e ele prossegue:

— Eu estava no parque, num dia de muito calor. Enquanto observava uma folha diferente, descobri que, quando estava sob o sol, a lupa fazia todo o calor se focar num ponto único, e isso formava um raio com a luz do sol! Ah, eu me senti um super-herói! O meu superpoder era fazer raios solares! Fiquei tão animado, que chamei vários amigos pra ver o experimento e todo mundo ficou muito impressionado.

— Uau, Franjinha, ensina isso pra gente! — disse Titi.

— Que legal, quero aprender! — falou Jeremias.

— Parece mágica! — exclamou Xaveco.

Franjinha, sempre muito inteligente, tinha passado algumas horas pensando naquele experimento e compartilhou seus conhecimentos com os amigos.

— Pessoal, tem uma coisa muito legal sobre a lupa: ela só consegue fazer esses raios poderosos porque estão todos voltados para o mesmo lugar. Ou seja, estão focados. Fiquei pensando e descobri que a lupa é como a gente, sabe?

Todos ficam confusos.

— É, sim! — Franjinha continuou: — A gente só consegue ter poder e fazer algo muito bom se estiver concentrado no nosso sonho, certo? Se os raios estivessem cada um para um lado, não aconteceria nada. Então, se fazemos várias coisas ao mesmo tempo, sem concentração, também não vai acontecer nada!

A turminha fica muito impressionada com o ensinamento do amigo e todos começam a falar juntos.

— Minha mãe me ensinou a ser focada. Estou treinando todos os dias! — diz Mônica, bem animada.

— Gostei disso, Franja. Acho que preciso ter mais foco na hora de estudar história. Eu me distraio com várias coisas... — Titi comenta, envergonhado...

— Será que se eu me concentrar e praticar muito consigo fazer aquela jogada no futebol? — Jeremias se pergunta, visivelmente empolgado.

— É isso que falta ***plos*** meus planos infalíveis! Há, há, há! Com foco no plano ***celto***, aquele Sansão ***selá*** meu! — Cebolinha diz, com a cabeça cheia de ideias, sem perceber que a Mônica já se aproximava bem brava...

O terrível "monstro das historinhas"

— Agora é a minha vez de contar uma história. Vamos lá? — diz Anjinho. — Sabe que uma das coisas que impede a gente de realizar os nossos sonhos é o terrível "monstro das historinhas"? A gente chama de "historinhas" as justificativas e as desculpas que damos por não termos feito o que devíamos. Será que o pessoal do bairro também passa por isso?

Anjinho vê Magali, Aninha, Dorinha e Mônica conversando.

— Ei, Magali, você já terminou de ler o livro pro nosso encontro de sábado, no clube? — Aninha pergunta.

— Ah, ainda não, mas vou acabar... Eu estava muito ocupada esses dias, as tarefas da escola me deixaram bem cansada pra ler... — Magali inventa uma desculpa rapidinho.

— Percebem como ela arrumou uma desculpa por não ter terminado o livro? — diz Anjinho, de longe.

Em seguida, Anjinho vê o Cebolinha tentando aprender a andar de *skate*, sozinho.

— Esse negócio é muito fácil. Eu só não tento mais, ***polque*** acho chato. Não ***pleciso*** da ajuda de ninguém, não ***quelo aplender!*** Não ***pleciso*** disso! Vou voltar ***pla*** casa.

— O Cebolinha é tão orgulhoso, que não quer pedir ajuda. Então, fica inventando desculpas para não aprender a andar de *skate*... — Anjinho observa de longe e lamenta.

Um pouco adiante, dois amigos conversam:

— Cascão, você já terminou a sua parte? Precisamos entregar em dois dias... — Xaveco alerta o amigo.

— Estou quase acabando, bem no finalzinho mesmo. É que ontem passou um filme que eu adoro e deixei pra terminar o trabalho depois...

— Ai, ai, Cascão... O monstro das historinhas está agindo aí também... — Anjinho, afastado do grupo, diz pensativo.

E quase finalizando seu passeio pelo bairro do Limoeiro, Anjinho avista Mônica.

— Ah, eu prometi separar uns brinquedos e umas roupas pra doar, mas estou com tanto sono... Acho que não tem problema fazer isso depois de uma sonequinha, né? — diz Mônica.

— Ai, ai, essas desculpinhas... — reflete Anjinho.

Ao final, após ver todas essas histórias da turminha, o Anjinho chama todo mundo para contar sobre o que observou durante o dia.

— Vocês todos estão sendo atacados pelo "monstro das historinhas". Isso significa que ficam inventando desculpas e motivos para não fazerem tarefas ou superar desafios. Na verdade, isso só faz mal para vocês e para as pessoas ao seu redor. Devemos cumprir nossos objetivos todos os dias, desde os pequenos até os grandiosos e sonhadores! Uma vez, um escritor muito legal disse a seguinte frase: "Tem superpoderes quem age certo e na hora certa". Então, que tal sermos todos super-heróis dos nossos sonhos?

Em seguida, a turminha toda concorda e sai imaginando os próximos passos.

O poder da gratidão

— Oh, olá! Você já chegou? Sente-se, por favor. Agora vamos falar sobre gratidão e como ela faz diferença em nossas vidas.

— Sabe, gratidão é uma palavra muito poderosa, que serve para trazer sentimentos maravilhosos a todas as pessoas ao nosso redor. Ser grato, ou seja, agradecer por tudo o que você tem, vai transformar a sua vida, eu tenho certeza disso.

— Eu aprendi que tudo ao nosso redor é muito importante e merece o nosso carinho. Amigos, família, natureza, animais. Desde uma pequena folha até os grandes rios, desde um simples bom-dia para as pessoas na rua até abraços de grandes amigos que aquecem o coração.

— Só que, muitas vezes, a gente nem percebe como várias coisas do dia a dia merecem a nossa admiração e o nosso agradecimento. Somos dominados por sentimentos ruins e esquecemos de olhar para as coisas boas, mas o poder da gratidão pode mudar tudo para melhor... Vou contar o que aconteceu no bairro do Limoeiro alguns dias atrás...

— Turminha, hoje eu trouxe um trabalho diferente para vocês! — diz a professora.

Os alunos logo começaram a cochichar.

— Calma, isso não quer dizer que vai ser mais difícil, só vai ser um desafio diferente... Tenho certeza de que vai trazer muitas coisas boas para vocês! Todos terão uma semana para fazer algo muito simples: montar uma pequena apresentação mostrando pelo que são gratos. Só isso! — ela completa.

Os alunos ficam um pouco confusos.

— Como assim "ser ***glatos***", ***plofessola***? — pergunta Cebolinha, meio desconfiado.

— É aí que está o desafio! Quero que reflitam e descubram o significado disso sozinhos. Se quiserem, podem trabalhar em grupos! Bom, por hoje é só! Até segunda-feira.

Logo em seguida, Cebolinha, Cascão, Mônica e Magali decidem formar um grupo.

— Não sei se entendi direito. Será que devemos ser gratos pelo quê? Por existir um remédio que cure a gripe, por exemplo? — indaga Cascão, muito confuso.

— Ou por alguém ter inventado as roupas legais que usamos? — Magali tenta ajudar.

— Acho que temos que ***agladecer*** pelas invenções ***impoltantes***, como ***computadoles***, aviões e ***calos***! — Cebolinha arrisca um palpite.

— Não sei... Acho que é mais do que isso, mas não consegui descobrir ainda. A gente podia se reunir amanhã pra discutir isso, né? Depois de descansar, acho que consigo pensar melhor — Mônica completa.

Mônica, ao chegar em casa, vê que sua mãe tinha saído, mas deixou sua comida preferida pronta com um bilhetinho: "Filhinha, você deve estar cansada e com fome, depois da semana cheia de trabalhos da escola. Por isso, fiz seu prato preferido! Beijos, mamãe".

Já o Cascão chegou tão cansado, que deitou no sofá e pegou no sono. Quando acordou, viu que seus pais tinham colocado um cobertor sobre seu corpo, para não sentir frio, e ainda deixaram uns biscoitos para quando acordasse.

Magali, quando estava perto de casa, encontrou o seu pai, muito animado:

— Querida, posso contar um segredo? Hoje é aniversário do dia em que conheci a sua mãe e, por isso, fiz um vídeo para ela com várias fotos nossas ao decorrer dos anos!

E o Cebolinha, assim que entrou em casa, viu seus pais brincando e rindo com a sua irmã. Assim que a Maria Cebolinha o viu, deu um sorrisão e chamou o irmão para brincar.

No dia seguinte, os amigos se encontraram para falar sobre o projeto. Muito pensativos, todos contaram o que tinha acontecido no dia anterior, depois que se separaram.

— Lembram que ontem eu falei que achava que gratidão era algo mais? Quando cheguei em casa e vi que minha mãe tinha pensado em mim, senti uma felicidade e um amor tão grande, que só pode ser isso a tal da gratidão! — Mônica reflete, se sentindo muito bem.

— Ai, Mônica, acho que você está certinha... A gente não pode agradecer só pelas grandes coisas, mas pelas pequenas também! Principalmente pelo amor e pelo carinho que recebemos todos os dias — Magali completa o pensamento da amiga.

— E não só dos nossos pais, né? A nossa amizade, a nossa saúde, o nosso estudo, tudo isso é motivo pra gente agradecer — diz Cascão, com os olhos iluminados.

— Pensei muito nisso quando cheguei em casa ontem. ***Palece*** que é difícil ***pelceber*** como coisinhas pequenas da nossa ***lotina*** são tão ***impoltantes pla*** nós. Ah, e ainda bolei um plano infalível ***pla*** nossa ***aplesentação***! — diz Cebolinha, com um grande sorriso.

No dia da apresentação do trabalho, todos os alunos da sala convidaram pessoas para participar: pais e mães, avôs e avós, tios e tias, amigos e amigas.

— Obrigada por terem vindo! A gente pediu pra que todos os colegas da nossa sala convidassem pessoas especiais pra vir aqui hoje — explica Magali, começando a apresentação.

— E sabem por que a gente fez isso? Porque, depois de pensar muito sobre o que é gratidão, meus amigos e eu entendemos que devemos ser gratos todos os dias — Mônica fala, sem conseguir conter o sorriso.

— Coisas que ***palecem*** pequenas, mas são muito ***impoltantes pla*** nós, ***plecisam*** ser ***valolizadas semple,*** o tempo todo! — Cebolinha continua.

— Então, aqui está a nossa homenagem a todos vocês! — Cascão finaliza, revelando a surpresa.

Eles abrem um cartaz no qual está escrito: "Somos gratos por tudo em nossa vida, principalmente pela presença de pessoas tão especiais. Obrigado!".

— Crianças, que lindo! Era exatamente isso que eu queria que vocês aprendessem. Gratidão não é somente pelas grandes coisas, mas também valorizar cada pequeno ato do dia a dia. O fato de estarmos aqui, todos juntos, já merece o nosso obrigado!
— a professora, muito emocionada, elogia os alunos.

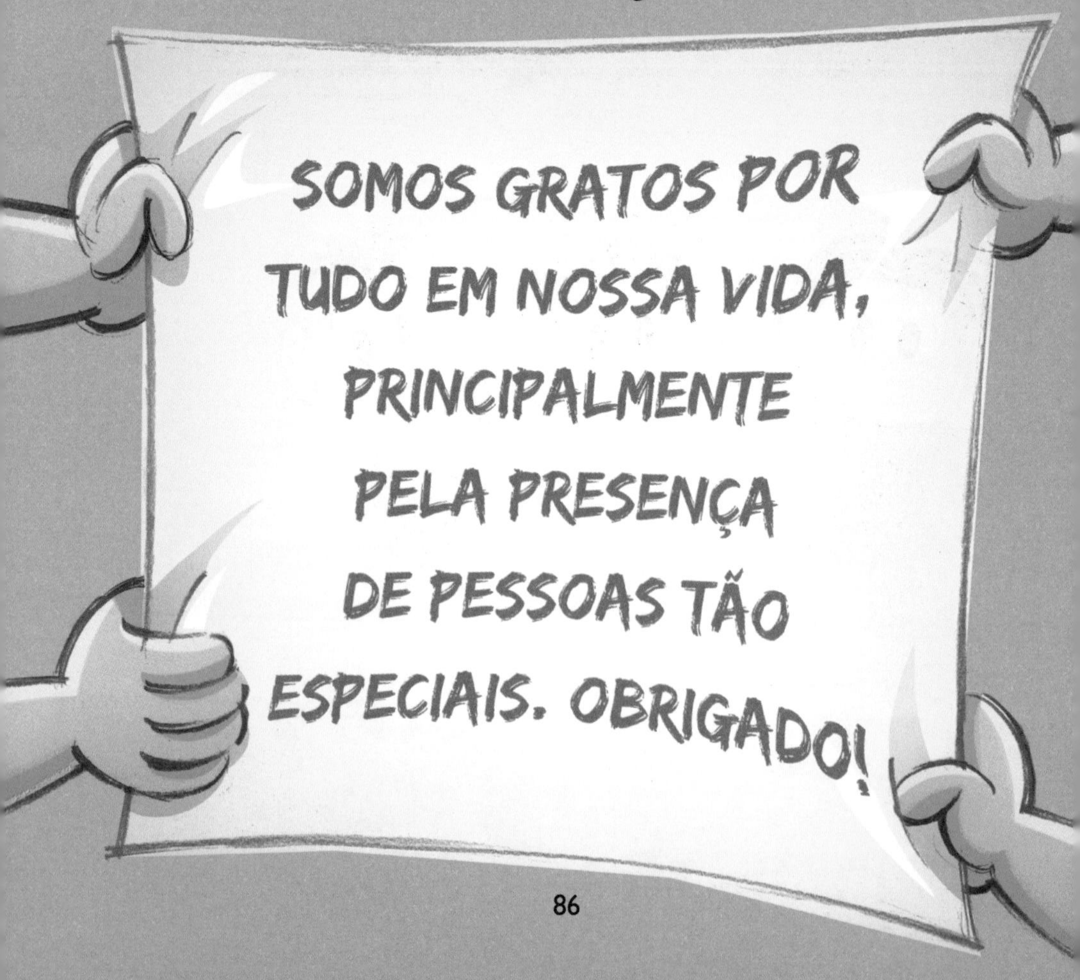

É legal pensar no futuro!

Estamos quase no final da nossa aventura com a Turma da Mônica e olha quanta coisa aconteceu até aqui!

Agora, vamos conversar um pouco mais à frente? Sim, vamos falar de futuro!

Nós já aprendemos sobre foco e como é importante concentrar a energia em busca de um resultado maravilhoso: o seu sonho. O foco tem o poder de produzir o que queremos. Precisamos apenas acreditar, querer muito e nos dedicar totalmente para isso.

Agora, queremos que você comece a pensar nos seus sonhos e no que precisa fazer para alcançá-los. Vamos compartilhar os nossos planos para o futuro e depois será a vez de vocês, combinado? Vamos começar então!

— O meu grande sonho é ser jogador da Seleção Brasileira e viajar pelo mundo. Por isso, vou me dedicar muito em todos os treinos e também na escola, pra aprender cada vez mais a parte técnica e o conhecimento. Eu quero virar um craque! — Cascão compartilha.

— O meu ***plimeilo*** desejo é ser dono da ***lua***, depois do ***bailo*** e, quando ***clescer quelo*** ser ***plesidente*** do ***Blasil*** e, quem sabe, até do mundo! O ***plimeiro*** passo é me dedicar mais aos meus planos e ***tlabalhar*** nas falhas deles. Depois, vou copiar o Cascão, e estudar muito ***pla*** buscar conhecimento! — Cebolinha revela seu sonho.

— Quando eu crescer, quero trabalhar ajudando pessoas e animais necessitados da melhor maneira que puder. Vou começar desde já, participando de uma campanha pra adoção de gatinhos e cachorrinhos e, depois, vou procurar casais de velhinhos que precisem de ajuda com as tarefas da casa! — Mônica diz, pensativa e feliz.

— Já eu, quero abrir um restaurante e ser a melhor cozinheira do mundo! E ainda vou provar todos os pratos! Nham! Já pedi para a tia Nena me ensinar algumas receitas e também ganhei um livro de culinária pra começar a treinar com a ajuda da minha mãe! — Magali, apaixonada por comida, diz.

E você? Qual é o seu sonho? Como quer chegar até ele? Conte pra gente!

Eu prometo...

Oi! Valeu por participar desta aventura com a gente. Com certeza, você e a Turminha aprenderam muitas coisas que vão transformar a vida de cada um para sempre e deixar todos cada vez mais perto dos seus objetivos.

Antes de a gente se despedir, que tal uma tarefa? Preencha o quadro abaixo e prometa duas coisas muito importantes: que você será feliz e vai buscar realizar os seus sonhos sempre!

Eu, ______________________________________

_______________, prometo que para tudo o que estiver ligado à minha felicidade e aos meus sonhos, eu serei autorresponsável! Para chegar nisso, vou usar as seis leis que aprendemos neste livro, que são:

1 ______________________________________

____

2 ______________________________________

____

3 ______________________________________

____

4 ______________________________________

____

5 ______________________________________

____

6 ______________________________________

____

E também vou lutar contra o ______________,

______________ ter mais________________ e exercitar o poder da _______________________!

Fazendo isso, vou transformar a minha vida e conquistar os meus sonhos, que são:

____

____

____

____

____

____

____

Data ____/____/____

____

Assinatura

Este livro foi impresso pela gráfica Gráfica Eskenazi em papel offset 90 g em março de 2019.